LA DROGUE

L'édition originale de cet ouvrage a paru sous le titre: **Why Do People Take Drugs?**
Copyright © Aladdin Books Ltd, 1988
70, Old Compton Street, London W1
All rights reserved

Adaptation française de Louise Dupont, Marcel Fortin et Jeannie Henno
Illustrations de Ron Hayward Associates
Copyright © Éditions Gamma, Tournai, 1989
D/1989/0195/23
ISBN 2-7130-0979-0
(édition originale: ISBN 086313 771 7)

Exclusivité au Canada:
Les Éditions École Active,
2244, rue Rouen, Montréal H2K 1L5
Bibliothèque nationale du Québec
Bibliothèque nationale du Canada
ISBN 2-89069-216-7

Imprimé en Belgique

LA DROGUE

JUDITH HEMMING – JEANNIE HENNO
LOUISE DUPONT – MARCEL FORTIN

Éditions Gamma – Les Éditions École Active
Paris – Tournai – Montréal

C'est difficile de croire que le sucre peut abîmer les dents.

4

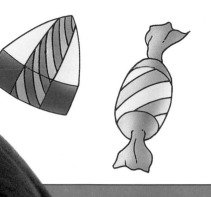

Qu'est-ce qu'on éprouve quand on a envie de prendre de la drogue?

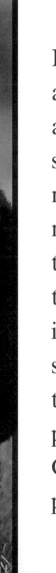

Imagine-toi à la caisse d'un supermarché. Il y a un bel étalage de friandises. Comme tu en as envie! Des adultes t'ont peut-être dit que le sucre des bonbons donne un regain d'énergie mais qu'après, tu te sens fatigué et de mauvaise humeur. Et pourtant, tu en as tellement envie, de ces bonbons!... Si cela t'est déjà arrivé, alors tu peux te faire une idée de ce qu'éprouvent ceux qui ont envie de se droguer. Il y a toutes sortes de drogues et tu en entends souvent parler. Tout le monde peut avoir des problèmes à cause des drogues. Ce livre essaie d'expliquer pourquoi certaines personnes prennent de la drogue.

Qu'est-ce qu'une drogue?

Si ce que tu avales modifie le fonctionnement de ton corps et te donne l'impression d'être différent, alors ce n'est pas un aliment, c'est une drogue. Certaines drogues, comme le thé ou le café, font partie de la vie quotidienne de bien des gens. L'alcool, qu'il y a dans la bière et le vin, et la nicotine du tabac sont également des drogues courantes mais plus puissantes.

L'opium extrait de certains pavots peut être transformé en morphine. On l'utilise dans les hôpitaux pour soulager la douleur. On peut aussi en faire de l'héroïne qui est une drogue encore plus puissante.

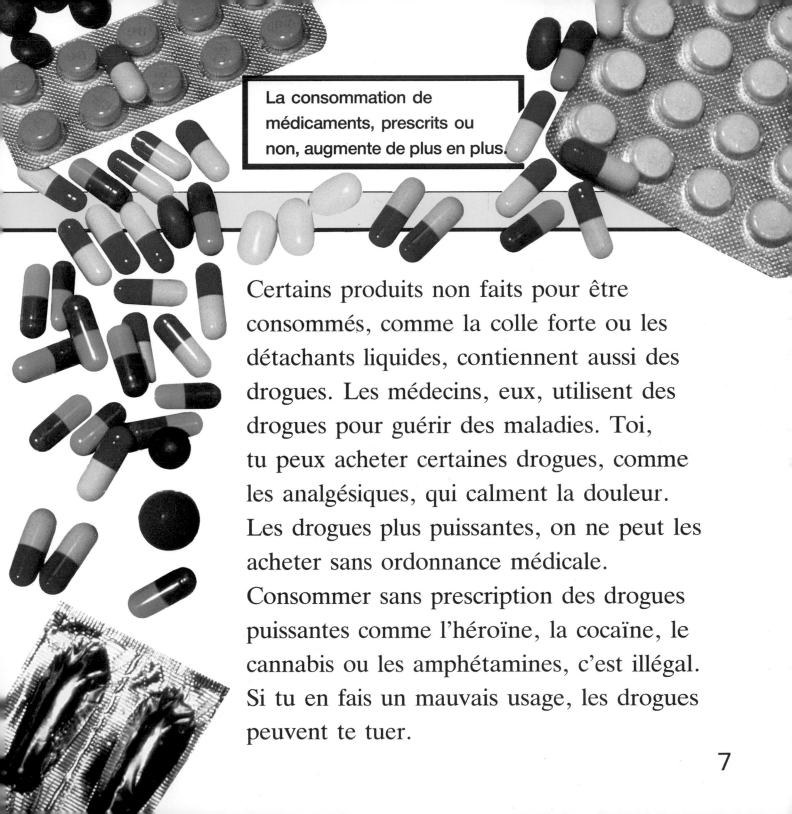

La consommation de médicaments, prescrits ou non, augmente de plus en plus.

Certains produits non faits pour être consommés, comme la colle forte ou les détachants liquides, contiennent aussi des drogues. Les médecins, eux, utilisent des drogues pour guérir des maladies. Toi, tu peux acheter certaines drogues, comme les analgésiques, qui calment la douleur. Les drogues plus puissantes, on ne peut les acheter sans ordonnance médicale. Consommer sans prescription des drogues puissantes comme l'héroïne, la cocaïne, le cannabis ou les amphétamines, c'est illégal. Si tu en fais un mauvais usage, les drogues peuvent te tuer.

7

Comment agit une drogue?

Quand on prend une drogue, un médicament,
il faut attendre un certain temps avant qu'il
n'agisse. Le comprimé qu'on avale passe
d'abord dans l'estomac, puis dans le sang;
le cœur l'envoie ensuite au cerveau.
La drogue circule donc dans tout le corps.

Fumées, avalées ou injectées par piqûre,
toutes les drogues agissent de la même façon.
Leurs effets peuvent durer de quelques
minutes à plusieurs heures. Il peut en rester
des traces même après plusieurs jours.

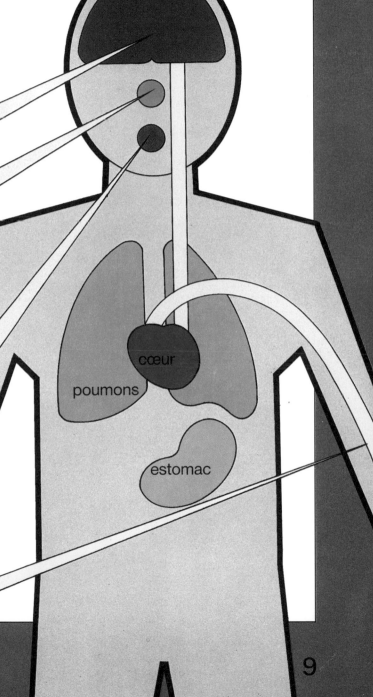

Le cerveau contrôle tes mouvements, tes pensées, tes sensations. La drogue pénètre dans le sang et va au cerveau.

La drogue aspirée par les narines traverse directement la peau du nez et se dissout dans le sang.

La pilule avalée passe d'abord dans l'estomac, puis dans le sang. La drogue peut aussi être fumée et passer ainsi dans les poumons.

Injectées dans les veines, des drogues passent dans le sang, puis au cerveau.

cœur

poumons

estomac

9

Et les drogues prescrites par le médecin?

Le médecin peut prescrire des drogues pour guérir un malade ou le maintenir en vie.
Il veillera à prescrire la drogue la mieux adaptée et la quantité nécessaire à chaque cas.

Il n'y a aucun danger à prendre ces drogues quand on suit bien les instructions du médecin.
Ne prends jamais de médicaments prescrits à quelqu'un d'autre.

> Les malades attendent du médecin qu'il leur prescrive des médicaments qui les guérissent.

11

Les fêtes, les réunions entre amis donnent l'occasion de s'amuser, de se sentir bien. Mais certains sont incapables de s'amuser ainsi et se tournent parfois vers la drogue.

Pourquoi les gens se droguent-ils?

On peut se droguer pour toutes sortes de raisons. Certains croient peut-être qu'ils ont besoin de quelque chose pour résoudre leurs problèmes ou pour se sentir bien dans leur peau. Au début, les drogues peuvent les rendre heureux mais, par la suite, elles deviennent un cauchemar.

Quand tu te sens malheureux, tu as souvent besoin d'en parler à quelqu'un et de partager tes problèmes. Si tu n'as pas envie de te confier ou si tu penses que tu peux résoudre ton problème tout seul, attention! Cette attitude pourrait te mener plus tard à faire appel à la drogue.

13

Qui prend des drogues?

Dans le monde entier, beaucoup de gens
prennent des drogues légères: de l'alcool,
du tabac, par exemple. Certains pays,
toutefois, interdisent l'alcool pour des raisons
religieuses et parce qu'il nuit à la santé.
On peut, sans s'en rendre compte,
devenir totalement dépendant d'une drogue
consommée régulièrement.
Trop de personnes, des femmes surtout,
prennent couramment du Valium,
un tranquillisant prescrit par les médecins.
Quelle que soit la drogue, il est très difficile
de s'arrêter d'en prendre.

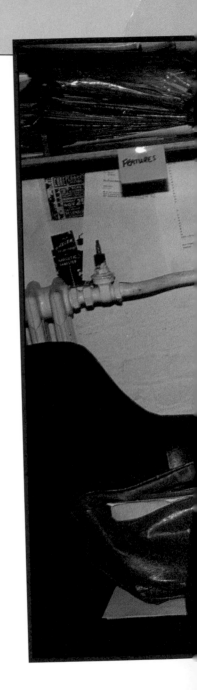

14

On peut s'adonner aux médicaments, à la boisson ou aux drogues, quand on ne réussit pas sa vie personnelle ou son travail professionnel. Peut-être faudrait-il changer quelque chose à la maison ou au travail?

Ceux à qui tout semble réussir peuvent aussi être amenés à prendre des drogues. Certains cadres, hommes ou femmes, espèrent améliorer leurs performances en prenant une drogue très chère, la cocaïne.

Dans les grandes villes, il est facile de se procurer des drogues illégales. De nombreux jeunes se laissent tenter par curiosité, pour faire comme les autres, ou encore par goût du risque. De la drogue, il peut y en avoir partout : dans les fêtes, dans les clubs et dans la rue.

Des adolescents, filles ou garçons, utilisent la colle parce que c'est bon marché et facile à trouver. Respirer des solvants, de la colle, ce n'est pas contre la loi. Mais en vendre à des jeunes qui vont les utiliser comme drogues, c'est illégal. Il est difficile d'arrêter ces vendeurs.

Il est très dangereux d'inhaler des solvants. Vaporisés dans la gorge, certains aérosols peuvent devenir mortels.

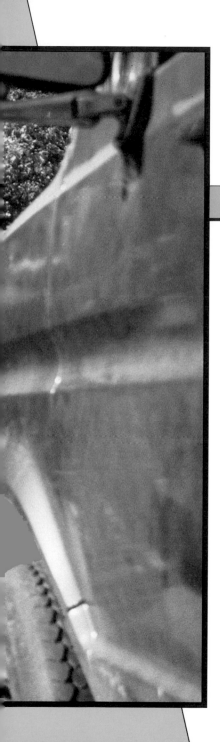

Qu'est-ce qu'il en coûte de prendre de la drogue?

Devenu dépendant, le drogué est très malheureux quand il n'a pas sa dose, quand il est en état de manque. La drogue est pour lui la chose la plus importante et il est prêt à tout pour en obtenir. Or, les drogues coûtent très cher et les revendeurs, qui font partie d'un réseau de trafiquants, ne font de cadeaux à personne. Désespéré, le drogué est parfois amené à voler pour pouvoir acheter de l'héroïne.

Il en coûte de 10 à 20 dollars (50 à 100 francs français) pour une dose d'héroïne.

Est-ce vraiment si difficile d'arrêter de se droguer?

C'est le drogué lui-même qui doit vouloir cesser de se droguer. Il ne suffit pas que sa famille et ses amis demandent à un toxicomane d'arrêter de se droguer. Non, il faudra l'entourer, l'aider, le surveiller, durant la période de sevrage, de désintoxication. Le drogué sera malade et il aura besoin de beaucoup de repos. C'est difficile de se défaire de la drogue. Les drogués ont besoin de leurs amis et de leur entourage. Il leur faut s'adresser à des personnes expérimentées dans les centres anti-drogues, les hôpitaux ou les groupes de soutien, utiliser les lignes de secours téléphonique.

20

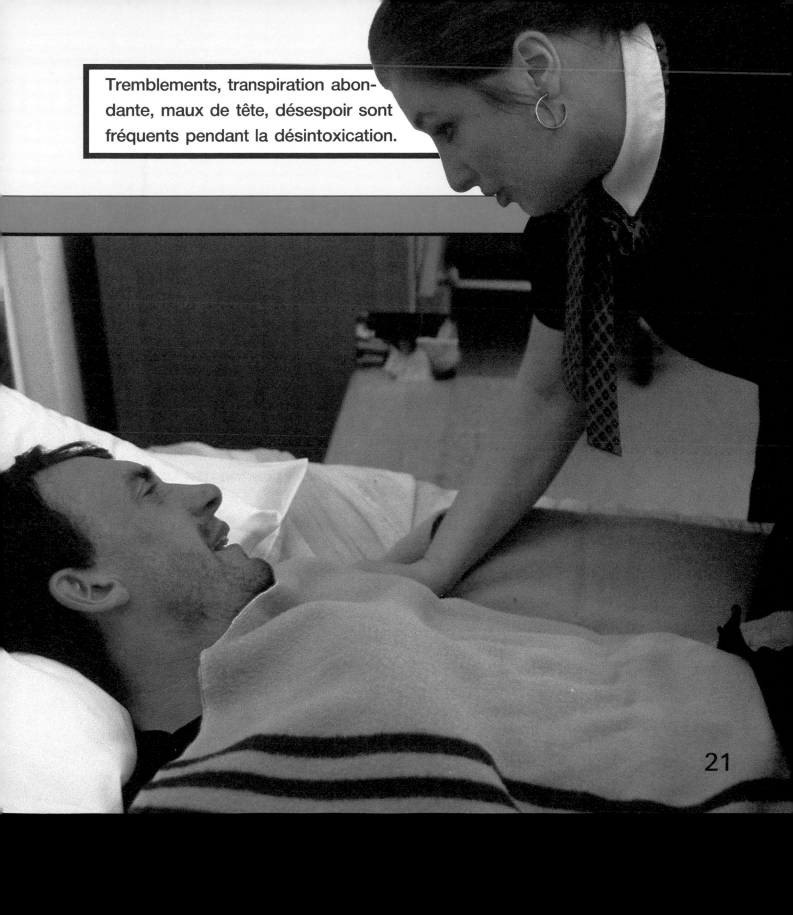

Tremblements, transpiration abon-
dante, maux de tête, désespoir sont
fréquents pendant la désintoxication.

21

Dire non à la drogue, pourquoi est-ce si difficile?

Il y a toutes sortes de modes qui passent dans les écoles. Tout à coup, tous les jeunes ont le même sac ou le même jeu électronique. Si tu ne suis pas cette mode, tu te sens exclu du groupe.

C'est la même chose avec les drogues. C'est dur de dire non quand tous tes amis fument ou te défient de le faire. Si un camarade se drogue pour améliorer ses performances sportives, tu peux être tenté de faire comme lui. Au début, certaines drogues peuvent te donner du plaisir ou te permettre de te concentrer. Mais ces effets ne durent pas.

Si beaucoup fument autour de toi, tu crois peut-être rater quelque chose. En réalité, apprendre à fumer n'est pas toujours agréable.

23

Si tu as un problème de drogue ou si un ami a ce genre de problème, la première chose à faire est de chercher de l'aide en en parlant à une personne de confiance.

Quels sont les dangers de la consommation de drogues?

Certaines drogues peuvent nuire gravement à ta santé. Si tu renifles de la colle forte, tu peux être très malade, jusqu'à mourir étouffé. La consommation d'héroïne augmente les risques de maladie et entraîne souvent une sous-alimentation. Quant au tabac, il peut causer bronchites, cancers ou ennuis cardiaques.

Il n'est pas toujours facile de voir si quelqu'un se drogue. Certains drogués parviennent à mener une vie normale sans que personne, même parmi leurs proches, ne se doute de rien.

Comment empêcher les gens de prendre des drogues illégales?

Il faudrait mieux informer les gens des dangers des drogues. Jusqu'à présent, les programmes gouvernementaux de prévention et d'éducation n'ont pas réussi à convaincre tous les jeunes de fuir la drogue.

L'idéal serait d'empêcher l'opium, le cannabis, etc. d'entrer en Europe et en Amérique du Nord. C'est malheureusement très difficile. Les réseaux sont bien organisés, les trafiquants puissants. Leurs énormes bénéfices leur permettent de soudoyer douaniers et policiers pour qu'ils ferment les yeux sur leur trafic.

La police arrête certains trafiquants mais il y en a toujours d'autres pour les remplacer.

27

Et quoi encore?

Souvent, la vie est injuste et difficile. Celui qui se drogue veut fuir la réalité, qui lui semble trop dure ou trop ennuyeuse. La drogue cache les problèmes mais ne les résout pas. Pour se désintoxiquer, le toxicomane doit d'abord arrêter de se droguer, ce qui est très dur, même avec l'aide de spécialistes, puis réapprendre à vivre sans drogue.

Nous devons nous efforcer de rester calmes, courageux, confiants. Les moments difficiles ne durent pas toujours. Nous devons aussi nous aimer suffisamment pour prendre soin de nous-mêmes.

Il faut s'entraider pour surmonter les difficultés sans utiliser de drogues.

Que puis-je faire?

Peut-être as-tu envie de réfléchir davantage
au problème de la drogue. Discutes-en avec
un parent, le médecin de famille,
ton instituteur, un voisin.
Tu peux aussi t'adresser, pour plus
d'informations, aux organismes spécialisés.
Nous n'en mentionnons que trois ci-dessous
mais nous aurions pu en citer beaucoup
d'autres, à commencer par la Croix-Rouge.
N'hésite pas. Tous te feront parvenir la
documentation souhaitée et t'aideront
au besoin.

France	Canada	Belgique
SOS Drogue International	Santé et Bien-Être Social	Infor-Drogues
Point Parents	Complexe Guy-Favreau – Tour Est	Avenue Winston-Churchill, 149
126, rue de l'Ouest	200 Boul. René Lévesque Ouest,	1080 Bruxelles
75014 Paris	Bureau 210 – Montréal, Québec	Tél. (02) 347 57 57
Tél. (1) 45.43.34.53	H2Z 1X4 Tél. (514) 283-4587	

Glossaire

Alcool: Liquide obtenu par la distillation de jus fermentés. On trouve de l'alcool non seulement dans des boissons fortes comme les liqueurs mais aussi dans le cidre, la bière ou le vin.

Amphétamines: Produits qui, pris sous forme de pilules, donnent aux gens l'impression d'être plus heureux et plus dynamiques.

Cannabis (ou chanvre indien): Plante qui pousse dans plusieurs régions du monde et dont on mâche ou fume les feuilles séchées.

Cocaïne: Drogue faite à partir des feuilles de coca, arbuste qui pousse principalement en Amérique du Sud. Nom populaire: coke.

Héroïne: Poudre blanche produite par la transformation de l'opium d'un pavot qui pousse en Asie et en Amérique centrale.

Index

Origine des photographies
Première page de couverture et page 19: Sally et Richard Greenhill; pages 11, 17, 23 et 29: Network Photographers; pages 4, 6, 7 et 14: Rex Features; pages 18 et 27: David Browne; page 24: Janine Weidel.

PRINTED IN BELGIUM BY

proost
INTERNATIONAL BOOK PRODUCTION